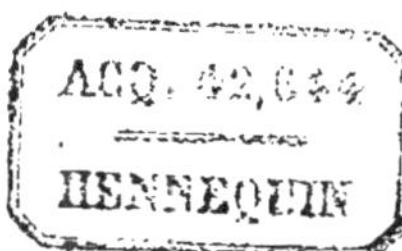

MÉMOIRES

SUR LES MOYENS DE DONNER DU travail aux Ouvriers & aux Artistes de la Capitale, lu dans l'Assemblée générale des Représentans de la Commune, le 10 Août 1790;

ET SUR L'HÔPITAL DE LA SALPÉTRIÈRE, lu dans l'Assemblée générale des Représentans de la Commune, le 20 Juillet 1790;

PAR M. COUSIN,

Professeur au Collége-Royal.

MÉMOIRE

SUR LES MOYENS de donner du travail aux Ouvriers & aux Artistes de la Capitale ; lu dans l'Assemblée générale des Représentans de la Commune, le 10 Août, 1790, par M. Cousin, Professeur au Collège Royal (*).

MESSIEURS,

La bienfaisance est un besoin de l'âme. Mais ce sentiment peut égarer. Les ministres de notre sainte religion prêchent l'aumône, sans instruire assez sur la manière de la faire ; & nos villes & nos campagnes sont inondées d'une foule de vagabonds qui en sont les fléaux. Les choses en sont au point qu'on est forcé de regarder la destruction de la mendicité, comme un des problêmes politiques les plus importans & les plus difficiles à résoudre. Nous exposerons,

---

(*) Il avoit été lu, le 13 Mai, dans l'Assemblée générale du district-S.-Etienne-du-Mont.

A 2

depuis Louis XIV , & un des prétextes de l'aug-
mentation fucceffive des impôts, qui auroit
fini par détruire entièrement en France l'agriculture , les arts & le commerce. Nous avons
tant de canaux à conftruire , tant de rivières
à rendre navigables, tant de défféchemens à
faire, &c. , qu'il femble qu'on ne devroit être
embaraffé que fur le choix des entreprifes.
Cependant la Municipalité de Paris n'a pas
encore fu occuper utilement le grand nombre
de pauvres valides qu'elle a dans fon fein. Les
atteliers qu'elle entretient avec tant de dépenfe,
ne font propres qu'à former des fainéans &
à les attirer de tous les coins du Royaume,
certains de trouver dans la capitale une fub-
fiftance affûrée fans travailler. Il eft de la der-
nière importance de faire ceffer ce défordre.
La Municipalité le doit & le peut, en fe
faifant rendre compte des projets qui peuvent
être mis fur le champ à exécution. S'il en eft
de raifonnables, propofé par des particuliers
& dont ils veulent faire les frais, qu'ils foient
préférés, & que l'adminiftration foit unique-
ment chargée de protéger les entrepreneurs, &
de furveiller, pour qu'on ne puiffe jamais
porter atteinte à aucune propriété publique ou
particulière, ni à la liberté du commerce.

Il eft plufieurs claffes d'ouvriers. Les uns ,

& c'eſt le plus grand nombre, n'ont que des bras à employer ; d'autres joignent quelque talent à ces moyens phyſiques. Parmi ceux-ci nous diſtinguerons les artiſtes de tous les genres. Ils ne pourront ſe livrer à toute leur intelligence, perfectionner les arts qui ſont la ſource des richeſſes de la capitale, que lorſqu'ils n'auront plus d'inquiétude pour l'avenir ; qu'ils pourront eſpérer que le fruit de leur zèle & de leur activité ſera ſuffiſant pour nourrir une nombreuſe famille. Alors le fils d'un père habile deviendra plus habile encore ; & la génération préſente ne finira pas, ſans que Paris ſoit l'émule de Londres dans tous les arts, comme il l'eſt depuis long-tems dans toutes les ſciences. Les étrangers y viendront en foule, certains d'y trouver la même liberté, les mêmes reſſources, un plus beau climat & des hommes plus ſociables. Permettez-moi, Meſſieurs, une réflexion qui m'écartera peu de mon ſujet. La capitale étant plus riche, & le ſort des ouvriers & des artiſtes plus aſſûré, on ne craindra pas d'y voir monter les denrées à un prix aſſez avantageux aux cultivateurs, pour que l'agriculture proſpère dans tout le royaume ; ſa grande conſommation ſera *l'équivalent de la liberté illimitée* du commerce, & n'en aura pas les inconvéniens.

Sous l'ancien régime, l'homme intelligent

A 4

étoit enchaîné de différentes manières; & par
le manque d'avances nécessaires, & par une
foule de réglemens plus abfurdes les uns que
les autres, qui lui enjoignoient, fous peine
de la perte de fa liberté, de refter inactif ou
de facrifier fon talent à l'intérêt d'un maître.
Encore, s'il en fût réfulté que celles de ces pro-
feffions, qui intéreffent la fûreté & la vie des
citoyens, ne pourroient être exercées qu'après
l'examen le plus rigoureux......Mais, avec de
l'argent, on levoit toutes les difficultés; on étoit
déclaré docte & propre à tout. Ces abus hon-
teux, les maîtrifes, les priviléges exclufifs dif-
paroîtront devant une raifon fupérieure. Il ne
reftera qu'à chercher les moyens, pour que
l'homme habile & peu favorifé de la Fortune,
puiffe fe livrer fans inquiétude à l'impulfion de
fon génie. Ne doutons pas qu'il ne s'y livre, lorfqu'il fera certain que, dans des circonftances fâ-
cheufes, qui n'auront point été amenées par
la fainéantife & le libertinage, une adminiftration paternelle viendra à fon fecours.

Cette adminiftration, MM., ne peut être mieux
confiée qu'à un comité qui fera formé à cet effet
dans chacune des fections de la capitale. Il aura
le nom de *comité des arts*, & fera diftinct du
comité de bienfaifance, déjà inftitué dans plufieurs; celui-ci doit avoir, pour objet unique,

les fecours à donner aux infirmes, aux vieillards, aux orphelins & aux malades. Ces deux comités auront entr'eux, avec le comité de police, toutes les relations que le befoin de la chofe exigera.

Chacune des Sections de la Capitale fera invitée à nommer quatre Citoyens actifs, pour former le Comité des Arts. Ces Commiffaires fe réuniront enfuite pour choifir entr'eux, ou parmi les autres Citoyens actifs de la Capitale, douze perfonnes qui compoferont un Comité, qui fera le centre de toute la correfpondance ; qui traitera directement avec le Miniftre des Finances & la Municipalité, & qui fera chargé de diftribuer les fonds accordés par l'Adminiftration, proportionnément aux befoins de chaque Section. Ces befoins, qui dépendent d'une foule de circonftances très-variables, ne pourront jamais être indiqués d'avance. D'ailleurs, le Comité central étant tenu, par un Réglement pofitif, de ne rien accorder qu'aux Comités des Sections, cette double vérification empêchera les demandes indifcrétes, les recommandations puiffantes, auxquelles l'homme le plus vertueux a bien de la peine à réfifter, s'il n'a une certaine force de caractère ; qualité effentielle à tout Adminiftrateur, &, malheureufement, trop rare. Cependant on ne pourra pas empêcher tout Particulier de s'adreffer directement au Comité d'une Section : chacun eſt maître de diſpoſer de ſa propriété comme il lui plaît ; au lieu qu'on ne peut prendre trop de précautions pour garantir les Adminiſtrateurs des fonds publics des piéges que l'avidité ne ceſſera de leur tendre.

Si quelques membres des Comités des ſections ont été choiſis pour former le comité central, ils feront remplacés. Au bout de l'année, la moitié de ceux qui compoſeront, ſoit le Comité central, ſoit les Comités particuliers, ſortiront de place, & le choix des nouveaux commiſſaires ſera fait à une époque fixe. Mais, avant ce terme, chaque Comité particulier remettra ſon compte au Comité central, qui de tous les comptes & du ſien n'en fera qu'un, qu'on imprimera pour inſtruire la Commune des moyens dont a fait uſage pour venir au ſecours des ouvriers & des artiſtes, & de leurs beſoins actuels.

Les ſeuls citoyens domiciliés au moins depuis trois mois & qui ſe feront fait enregiſtrer, pourront participer aux avantages de cette inſtitution. Car, d'après notre principe fondamental que nous croyons inconteſtable, le droit aux ſecours impoſe le devoir de ſe ſoumettre à l'inſpection des commiſſaires qui doivent répondre à la ſection que ce ne ſont pas de mauvaiſes mœurs,

qui mettent le citoyen dans le cas de recou-
rir à l'un des Comités des arts ou de bienfaifance.

Les avances en matières premières ou en argent que le Comité des arts fera dans le cas
de faire, ne pourront être regardées que comme
un prêt, que l'emprunteur rembourfera en
argent, ou en matières ouvrées dont on lui
payera les façons, au prix le plus convenable.
Tous les meubles, vêtemens, &c. dont le Comité de bienfaifance aura befoin pour venir
au fecours de fes pauvres, lui feront fournis
par celui des arts, & l'argent qui en provien-
dra fervira à faire de nouvelles avances. Il y
aura, en outre, des magafins toujours ouverts,
où toutes les matières ouvrées qu'on ne jugera
pas néceffaires aux pauvres ferent vendues;
les gens de la campagne, les étrangers, les
voyageurs s'y fournitont de ce qu'ils auront
befoin, parce que le Comité ne négligera rien
pour que les matières premières foient de bonnes qualités, & qu'il aura l'œil à ce qu'elles
foient travaillées avec le plus grand foin.
Peut-être préférera-t-on de faire plufieurs ven-
tes dans l'année qui feront indiquées quinze
jours d'avance par des affiches.

Les bienfaiteurs de l'Etabliffement auront le
droit de choifir ce qui pourra leur convenir

jufqu'à concurrence des fommes prêtées, &
ne le payeront que le prix qu'il aura coûté
au Comité. Ils feront même libres , en remet-
tant ces fommes , d'indiquer l'efpéce de travail
auquel il les deftine ; mais ils ne pourront jamais exiger d'être rembourfés en argent.

Nos ouvriers & nos artiftes, convaincus qu'ils
ne feront pas délaiffés dans les circonftances les
plus critiques auront moins d'éloignement pour
le mariage. Mais la maladie peut venir fur-
prendre ce père de famille au moment où il
feroit le plus utile. L'enléverons-nous à une
époufe chérie, à fes enfans , à fes affaires,
pour le tranfporter dans un hofpice ? Cette idée
m'afflige. Je fuis convaincu que les bonnes
mœurs, qui ont pour bâfe inébranlable, la fi-
délité conjugale, l'amour paternel , & la piété
filiale , exigent qu'on lui donne dans fa maifon tous les fecours dont il aura befoin, au
moins lorfque la maladie ne fera pas du genre
de celles qui peuvent fe communiquer, ou exiger un traitement particulier. Il entre dans la
nature de ces fecours de pourvoir à la fubfif-
tance de la femme & des enfans occupés des
foins que le malade exige, ou qui le plus fouvent manquent de pain lorfque le père ne peut
leur en procurer ; on veillera également fur la
famille pendant la maladie de la mère , qui

néceſſairement détourne le mari de ſes occupations.

Cependant, Meſſieurs, il faudra un hoſpice pour ceux qui n'auront pas le bonheur d'être époux ou père ou que d'autres raiſons forceront de s'y faire conduire. On n'y recevra que les domiciliés des deux ſexes qui ſeront inſcrits, & aucune de ces maladies cauſées par le libertinage ; cette condition doit être exigée à la rigueur. J'oſerai placer ici une réflexion ſur le genre de perſonnes qui doivent deſſervir l'hoſpice. Je déſirerois qu'il le fût par de jeunes filles connues pour leur intelligence & leurs bonnes mœurs, ſous l'inſpection de veuves, qui, par leur conduite auroient mérité cette diſtinction. Ces veuves y feroient à vie ; pour les jeunes filles, elles y entreroient à dix huit ans juſqu'à vingt-cinq, pendant lequel temps elles feroient nourries & entretenues de tout avec dix écus de gage ; mais, au bout de ſept années, on leur donneroit en ſortant une dot de mille livres. Cette éducation les prépareroit à remplir dignement un jour les devoirs d'épouſe & de mère.

L'aſcendant des artiſtes anglois ſur ceux de toute l'Europe ne vient pas ſeulement des facilités qu'ils peuvent ſe procurer par des ſouſcriptions qui ſont fort à la mode dans ce pays, mais encore de l'inſtruction qu'ils reçoivent. Il n'eſt pas rare d'y rencontrer de ſimples ouvriers fort au courant des principes des arts qu'ils profeſſent; ſachant ſuffiſamment d'arithmétique & de géométrie pour calculer une machine, en prévoir tous les effets, & pour perfectionner les inſtruments qu'ils ont entre les mains. Eclairé par une expérience de plus de vingt-ans, je puis affirmer que ce n'eſt pas le génie qui manque à nos artiſtes. Mais, Meſſieurs, faute de connoiſſances préliminaires, il leur eſt fort difficile de mettre leurs idées à exécution; &, lorſqu'ils y parviennent, ce n'eſt qu'à force de tâtonnemens; ce qui leur occaſionne des dépenſes inutiles, & une perte de temps conſidérable. Il ſeroit donc infiniment utile que, les dimanches & fêtes, il y eût, pour les Ouvriers & les Artiſtes, un Cours public des Sciences, qui ſont la bâſe des Arts méchaniques. Les Profeſſeurs Royaux ſe chargeront, avec plaiſir, de cette honorable fonction; ils ſont dignes de la confiance de la Commune, par leur dévoûment au bien public.

Les Ouvriers qui n'ont que des bras à offrir à la Patrie, ſe feront inſcrire, comme les autres, dans la Section où ils ſeront domiciliés. Alors le Comité des Arts ſe chargera de leur ſolliciter du travail dans l'intérieur de la

Ville ou au dehors , & d'en procurer à la femme, lorfque le mari fera abfent; ou, fi elle eft mère de plufieurs enfans en bas-âge, qui demandent tous fes foins, de lui faire donner les fecours néceffaires. En conféquence, le Comité aura le droit de furveiller à ce que le Citoyen ne dépenfe, de fa journée, que ce qu'il lui faut pour fe conferver fain & robufte. Eh ! que ne réfultera-t-il pas pour les Mœurs, de ce commerce de foins & de bienfaits entre toutes les claffes de la Société ! Le pauvre , fûr d'être compté pour quelque chofe, craindra de s'avilir; le riche, connoiffant mieux cette Claffe laborieufe, y cherchera le plaifir de la reconnoiffance ; il perdra cette fauffe délicateffe qui l'empêche de reconnoître l'homme eftimable fous des dehors un peu ruftiques.

Si une parfaite égalité dans les fortunes eft contre l'effence des chofes, au moins devons-nous maintenir, de toutes nos forces, celle qui doit exifter entre les conditions. Le Public, toujours jufte, faura bien diftinguer les grands talents, les vertus éminentes , & leur rendre hommage. Cela feul peut faire aimer au Peuple la Conftitution nouvelle. Faifons des vœux fur-tout pour que nos auguftes Légiflateurs, par un mode d'impofition & d'adminiftration

des Finances plus simple, lui épargne le spec-
tacle, toujours affligeant, des fortunes rapides
des agioteurs de tous les genres.

ASSEMBLÉE DES REPRÉSENTANS

DE LA COMMUNE DE PARIS.

*Extrait des Regiſtres des Délibérations
du 14 Août 1790.*

L'Aſſemblée, ſur le rapport de ſes commiſſaires, a arrêté que le mémoire de M. Couſin,
l'un de ſes membres, relatif aux Etabliſſemens
à former, en faveur des ouvriers des arts &
métiers, dans la capitale, ſeroit imprimé &
envoyé aux quarante-huit ſections.

Pour copie conforme à l'original.
Signé, LE TELLIER, ſecrétaire.

MÉMOIRE

MÉMOIRE

*SUR L'HÔPITAL DE LA SALPÉTRIÈRE,
lu dans l'Assemblée Générale des Représentans de la Commune, le 20 Juillet 1790.*

Par M. COUSIN, Professeur au Collége Royal.

MESSIEURS;

Vous-vous êtes occupés de l'hôpital de la
Salpétrière, dans plusieurs de vos séances : il
s'agissoit des pauvres, & vous pensez que d'aussi
grands intérêts ne peuvent être discutés avec
trop de soin. J'ose donc espérer que vous me
permettrez de vous présenter quelques réflexions sur les moyens d'améliorer leur sort,
& que vous voudrez bien les appuyer de la
plus forte recommandation, auprès de votre
département des hôpitaux. Mon but est de com-
battre l'opinion tant accréditée, qu'aucune amélioration n'est actuellement possible à l'Hôpital,
dont les revenus sont beaucoup diminués ; pré-
jugé funeste, qui enchaine le zéle des vertueux

B

Adminiftrateurs de cette Maifon de bienfaifance.

Je commencerai, Meffieurs, par vous parler
de la nourriture. Jufqu'à vingt-ans, les pauvres
n'ont qu'une livre de pain par jour : on leur en
donne cinq quarterons, paffé cet âge. Ils ont,
le dimanche, le mardi & le jeudi, une chopine
de bouillon gras, très-léger, qui arrive prefque
toujours froid au dortoir, & deux onces de
viande. Le bouillon des quatre autres jours eft
une légère décoction d'herbes ; on leur donne,
en outre, le mercredi, une once de beure falé
rance ; le famedi, une once de mauvais fromage ;
le lundi & le vendredi, une cuillerée à pot de
pois, fèves ou lentilles, mal cuits & prefque fans
affaifonnement, dont plufieurs ne mangent pas.
Il eft donc de toute évidence qu'ils font ré-
duits au pain & à l'eau ; car ce n'eft qu'à
foixante-dix ans, ou lorfqu'on fort de maladie,
qu'on a, par jour, un demi-feptier de vin.
Beaucoup, ne pouvant réfifter au befoin qui les
preffe, ramaffent dans les cours des débris
d'oignons, de choux & d'autres ordures ; de-là
ces fréquens maux de bouche qui les aménent à
l'infirmerie, pour être traités comme fcorbutiques.

Ceux qui ont quelqu'argent obtiennent,
moyennant deux liards qu'ils donnent à une

fille de fervice, de faire mitonner leur foupe, réchauffer & affaifonner leur viande & leurs légumes. L'humanité & même l'économie ne demanderoient-elles pas que ces préparations fi peu coûteufes fe fiffent dans chaque emploi en commun, pour tous les pauvres ? Au moins pourroient-ils manger ce qu'on leur donne ; & rien ne feroit perdu.

Avant 1788, le régime de la Pitié étoit à-peu-près celui qui vient de vous affecter fi douloureufement. On y a fait, depuis, des améliorations qui ne confiftent pas feulement à mieux préparer les alimens qu'on donne aux pauvres, mais à en donner de plus fains en quantité fuffifante. Au lieu de bouillon, ils ont de la foupe dont le pain n'eft pas pris fur la livre qu'on avoit coutume de leur donner. Ils ont, le mercredi, au lieu de beurre rance, du ris ou des pruneaux, des navets, des choux, des pommes de terre, felon la faifon ; &, le famedi, au lieu de fromage, du raifiné ou de la falade. Ces améliorations ne coûteroient pas, par an, à l'hôpital de la Salpétrière, huit francs par pauvre de plus ; ce qui feroit facilement compenfé, en arrêtant le dégât épouvantable qui fe fait à l'emploi des cuifines, dont l'officière eft, par fon grand âge, hors d'état de furveiller les fervantes, &, par d'autres économies qui en réfulteroient néceffairement ; puifqu'il y auroit beaucoup moins d'étiques , de fcorbutiques , & de ces fiévres qui femblent porter le caractère de fiévre putride, & qui, cependant, ne peuvent fe guérir qu'en donnant au malade de la nourriture.

Deux très-vieilles femmes, dont l'une avoit une fiévre continue avec redoublement, tous les jours , & dont l'autre étoit perclufe de fes deux jambes, ayant été apportées à l'infirmerie, on leur a fait donner une bonne nourriture, & elles ont été parfaitement guéries en très-peu de temps. Celle qui étoit affectée de la fauffe paralyfie avouoit que, depuis dix ans qu'elle étoit entrée à l'hôpital, elle n'avoit jamais pu contenter fa faim. La plupart des jeunes filles ont l'eftomac & la poitrine perdus, faute de nourriture, & deviennent prefque inutiles à la fociété.

Tous ces maux ne font pas les feuls qui affligent conftamment l'hôpital de la Salpétrière. La gale, dans le moment préfent, y fait les plus grands progrès, qu'on ne pourra arrêter qu'en féparant les galeux des perfonnes qui ne font pas affectées de cette affreufe maladie. On vous dira, Meffieurs, que c'eft précifément ce qui eft impoffible. Mais vos commiffaires doivent avoir remarqué que la petite force deftinée à renfermer des filles de joie en contient peu. Cet emplacement étant évacué, on y tranfportera les galeux de tous les dortoirs fucceffivement. Les pauvres du dortoir qui n'auront pas la gale, on les placera dans un autre bâtiment, où il y a des enfans qu'on réunira à ceux de Ste-Claire, qui, cette année, font en moindre nombre qu'à l'ordinaire. Pendant le temps du traitement, on fera nétoyer les couvertures, les matelats, les bois de lit, & laver les murs à plufieurs eaux de chaux. Ce nétoyage & le traitement finis, on ramenera tous les pauvres, & on procédera pour les autres dortoirs de la même manière.

Toutes les femmes qui arriveront de Paris, avant d'être admifes, feront obligées de fe baigner, & de faire laver tous leurs vêtemens; fi elles ont la gale, on les conduira à la petite-force, pour y être traitées.

Le défaut de propreté eft une des caufes qui perpétue la gale à l'hôpital de la Salpétrière. Mais, Meffieurs, depuis long-temps on néglige de rendre aux pauvres tous les foins qui y font relatifs. Ils ne les obtiennent qu'en payant les filles de fervice; on paye jufqu'à l'eau qu'on boit, lorfqu'on n'a pas la force d'aller la chercher. Celles qui manquent abfolument de ref-fources pécuniaires font condamnées à la plus horrible mal-propreté.

Aucune prévoyance quelconque. Le bâtiment

nommé *Jéfus* ; qui contient plus de 400 perfonnes, a fes ouvertures fur une baffe-cour où
l'on prend des cochons en penfion pour les en-
graiffer. L'odeur abominable qu'exhale l'égoût
de cette baffe-cour infecte auffi le bâtiment dit
Sainte-Marguerite. On ignore jufqu'aux moyens
les plus fimples de renouveller l'air dans les
dortoirs, fans incommoder les pauvres, & fur-
tout les vieillards. On permet d'y brûler du
charbon, foit pour fe garantir du froid, foit
pour faire mitonner le pain dans le bouillon,
& réchauffer les autres alimens.

A ces caufes internes d'infection & d'infa-
lubrité s'en joignent d'autres, qui font perdre
à l'Hôpital tous les avantages de fa fituation,
d'être hors des boulevards, & à très-peu de
diftance d'une grande rivière. Il a, au Sud,
une voirie & un cimetière qui répandent l'o-
deur la plus fétide, lorfque le vent eft de ce
côté. On trouve, à l'Oueft & au Nord-Oueft,
la rivière de Biévre, dont l'infection eft encore plus infupportable dans les temps d'orage,
&, à l'Eft, les eaux ftagnantes de la Garre.
Ces mares font fous les fenêtres de l'infirmerie,
où les fiévres intermittentes fuccédent fouvent aux autres maladies; d'autres obfervations
avoient déjà fait conjecturer que ces fiévres
peuvent fouvent être occafionnées par l'efpéce

de gaz qui fe dégage des eaux ftagnantes &
fangeufes.

Quel fpectacle, MM., que fix à fept mille
perfonnes dans un état de fouffrance habi-
tuelle, manquant du néceffaire, & ne pouvant
fe le procurer par le travail auquel les plus
jeunes font forcées! Et c'eft dans le moment
où le mécontentement eft général, où l'aigreur
eft porté à fon comble, qu'on vient leur dire
que feules elles ne jouiffent pas du grand bien-
fait de la liberté & de l'égalité; que l'adminiftration, fous laquelle elles gémiffent, eft le
feul defpotifme que la Nation n'a pas détruit.
Jugez, par les effets connus de l'imagination,
ce qu'un tel difcours doit produire fur un
Peuple nombreux, raffemblé dans un petit ef-
pace, où les fenfations peuvent fe communiquer avec une grande rapidité. En peu de
jours, la crife eft devenue générale; il en a
réfulté une infurrection qui fubfifteroit encore,
fi ce Peuple n'étoit bien perfuadé que vous-
vous occupez de lui, & que bientôt il jouira
d'une adminiftration paternelle, à la fois févère
& confolante, où l'arbitraire ne fera pour rien,
l'utilité & la juftice pour tout.

Meffieurs, le Peuple ne croira plus que fon
état naturel eft d'être opprimé. Mais on le fou-
mettra facilement à la Loi, lorfqu'on faura le

convaincre qu'il ne peut être heureux autre-
ment. J'oferai donc affûrer que fi l'on ne néglige rien pour adoucir le fort des pauvres de
l'Hôpital de la Salpétrière, il fera très-facile
enfuite d'y arrêter les progrès de la plus fcan-
daleufe dépravation, dont la vigilance d'une
Supérieure & d'Officières recommandables par
leurs vertus, n'a pu garantir les jeunes filles
qui y font élevées.

Elles font deftinées à vivre au milieu du
Peuple de cette Capitale, & peuvent y porter
des vices ou des vertus. Eh! qui pourroit douter
maintenant de la grande influence des femmes
fur cette claffe de Citoyens! Ce furent elles
qui, le 14 Juillet, les arrachèrent de leurs atteliers pour les conduire à la victoire.

Un de vos défirs les plus ardens, MM., eft
que le Peuple conferve la liberté qu'il a con-
quife avec tant de courage. Il ne le peut fans
mœurs; & fes mœurs tiennent à celles des
époufes & des mères. Et vous fouffririez plus
long-temps que des enfans malheureux, qui
n'ont de protecteurs que vous, fuffent livrés à
la plus honteufe corruption! que, fous vos
yeux, la beauté, confiée à vos foins, fût mar-
chandée comme la plus vile denrée!

Pour augmenter encore le défordre, on avoit

permis qu'il s'élevât , dans l'intérieur de la maison, un cabaret public, qu'on vient de détruire. On donnoit pour prétexte que les pauvres qui ont quelqu'argent, défirent fe procurer, fans fortir de l'Hôpital, les douceurs qui, dans la vieilleffe deviennent des befoins. Il feroit, fans doute, barbare de s'y oppofer. Mais fouffrir une taverne où tous les ivrognes de dehors donnoient les plus mauvais exemples; c'étoit le comble de la démence.

La Garde permanente, beaucoup trop nombreufe, & que l'Econome propofe d'augmenter encore, eft une autre fource de défordre. Je manquerois à la décence & au refpect que je dois à ceux qui m'écoutent, fi je faifois entendre les reproches que les gens de l'Hôpital, qui ont encore quelque pudeur, font journellement aux foldats & à leur Commandant. Une Compagnie de douze hommes des troupes du centre, envoyée des plus prochains corps-degarde, & renouvellée toutes les vingt - quatre heures, feroit beaucoup plus sûre, & il n'en pourroit réfulter aucun inconvénient. Il y auroit, en outre, une grande économie, puifqu'il fuffiroit d'une légère addition à la folde, pour que ce fervice ne fût point à charge aux foldats.

Ce bien, Meffieurs, peut fe faire fur le champ; comme d'employer le bâtiment de la petite-force à un meilleur ufage que d'y renfermer des femmes dont la préfence fouille l'afyle des pauvres. Eft-il croyable qu'elles y foient fervies par des jeunes filles de l'Hôpital, qui y reçoivent les plus mauvais exemples? Eft-il croyable que ces jeunes filles y foient renfermées pour des fautes jugées graves, le plus fouvent, fur des rapports infidéles? Elles y étoient entrées pour s'y corriger de quelques défauts, & elles en fortent avec le germe de tous les vices; le noir cachot auquel on les condamne quelquefois, eft une punition moins effroyable.

Vos Commiffaires furent frappés de la manière ingénieufe & pleine de grâces avec laquelle une députation des jeunes filles leur expofa les griefs qu'elles avoient contre l'adminiftration. Elles infiftoient principalement fur ce qu'il leur étoit défendu de faire des chemifes dans les heures de récréation. Je ne ferai aucune réflexion fur une telle mefquinerie, non plus que fur un autre Réglement donné dans le moment de la plus grande rumeur, qui ordonne aux Officières de fe défaire de leurs poules. C'étoit une joie pour elles d'avoir un œuf

frais à offrir à un vieillard, à un infirme, & de
fe procurer, par ces attentions, la bienveil-
lance de tout le dortoir. On regarde comme
très-important de défendre les poules; je n'in-
fifterai pas, pourvû que l'Econome ne foit pas
plus favorable à fes penfionnaires de la baffe-
cour. Mais il y auroit de la cruauté à ne pas
permettre aux jeunes filles de s'occuper dans
leurs momens de récréation de ce qu'elles croi-
ront le plus profitable. Ce fera une grande
amélioration à leur fort, & le moyen le plus
fûr de remettre en vigueur, fans réclamation,
d'anciens Réglemens, que je réduirai aux articles
fuivans :

1° La partie de l'Hôpital habitée par les
jeunes filles qu'on y éléve, n'aura aucune com-
munication avec le refte de la maifon.

2° Excepté les perfonnes qui y font de fervice, nulle ne pourra y entrer fans un ordre
exprès de la Supérieure, qui la fera accom-
pagner, fi elle eft de dehors.

3° Les jeunes filles ne recevront aucune
vifite de MM. les Eccléfiaftiques, & ne leur en
rendront aucune, même au cas qu'ils foient
malades.

4° Elles ne pourront fortir de leur enclos

pour aller en promenade, que plufieurs en-
femble, & accompagnées d'une de leurs Su-
périeures.

5° Sous aucun prétexte, on ne pourra
mettre parmi elles de jeunes filles de dehors
qui ayent plus de neuf ans.

6° Aucune perfonne attachée à l'Hôpital, ou
autres, ne pourra prendre avec elle une de
ces jeunes filles, qu'elle ne l'ait demandé à la
Supérieure, qui en référera aux Adminiftrateurs
des Hôpitaux.

7° Cette Adminiftration ne négligera rien
pour que ces jeunes filles foient pourvues,
avant l'âge de vingt-cinq ans ; auquel âge on
pourra leur accorder leur fortie, & une fomme
qui puiffe les mettre en état de parer aux
premiers befoins.

8° Une fois forties de cette manière ou de
toute autre, elles ne pourront rentrer à l'Hôpital, que dans le cas où elles feroient rap-
pellées par l'Adminiftration, pour y occuper
quelque place.

On a fouvent dit que de grands hôpitaux
font de grandes calamités. Puiffent-ils devenir
un jour des maifons de bienfaifance, où l'en-

fant, le vieillard & l'infirme trouvent un asyle contre cette foule de maux qui les assiégent de toutes parts ! Puissé-je, par les réflexions que je viens de vous soumettre, contribuer à améliorer le sort des pauvres de l'hôpital de la Salpétrière !

ASSEMBLÉE-GÉNÉRALE

DES REPRÉSENTANS

DE LA COMMUNE DE PARIS.

____

Extrait du Procès-Verbal de la Séance du Mardi 20 Juillet 1790.

UN des Commissaires qui avoient été chargés de prendre à la Salpétrière les renseignemens & informations que l'Assemblée avoit cru nécessaires, avant de prononcer sur l'affaire de M. l'Abbé de S.-Ange, M. Cousin ne s'étoit point borné alors à ne faire avec ses Collègues, que le travail commun, dont le résultat fut, à cette époque, présenté à l'Assemblée, qui en témoigna toute sa satisfaction; le zèle de M. Cousin, son amour pour les Pauvres ont donné un eſſor particulier à ſa profonde ſenſibilité. Il a porté un œil obſervateur ſur une multitude d'abus qui ajoutent au malheur des Pauvres renfermés dans cette Maiſon, abus qu'une Adminiſtration plus vigilante pourroit faire diſparoître. Les fonctions de l'Aſſemblée étant de concourir, avec MM. les Adminiſtrateurs, au plus grand bien poſſible dans chaque Département., M. Couſin, par les détails où il entre, dans le *Mémoire* qu'il a préſenté à l'Aſſemblée, par les tableaux triſtes, affligeants même des maux qu'il a vus, ſollicite l'attention de l'Aſſemblée, & les ſoins les plus efficaces pour y apporter un prompt reméde.

Rien n'échappe à ſes remarques; nourriture, propreté, ſalubrité, qui en eſt la ſuite, éducation des enfants, &c.; tous les vices de régime & les remédes qu'il convient d'y appliquer ſont préſentés, d'une manière frappante, dans le *Mémoire* de M. Couſin.

De vifs applaudiſſements en ont interrompu & ſuivi la lecture; & l'Aſſemblée a arrêté que trois Commiſſaires ſeroient nommés, & que M. le Procureur-Syndic de la Commune leur ſeroit adjoint, à l'effet de rechercher, avec ſoin, conjointement avec le Département des Hôpitaux, toutes les améliorations dont le régime de l'Hôpital eft fufceptible, & de propofer enfuite un Projet de Réglement, fous le double rapport de l'interêt général de la Maifon, & de celui des Pauvres en particulier.

Délivré conforme à l'original.

Signé, *Demars, Ballin*, Secrétaires.

De l'Imprimerie de Lottin, l'aîné, & J.-R. Lottin, Imprimeurs-Libraires Ordinaires de la Ville, rue S.-André-des-Arcs, N° 27. 1790.

[illegible]

[illegible]

[illegible]

[illegible]

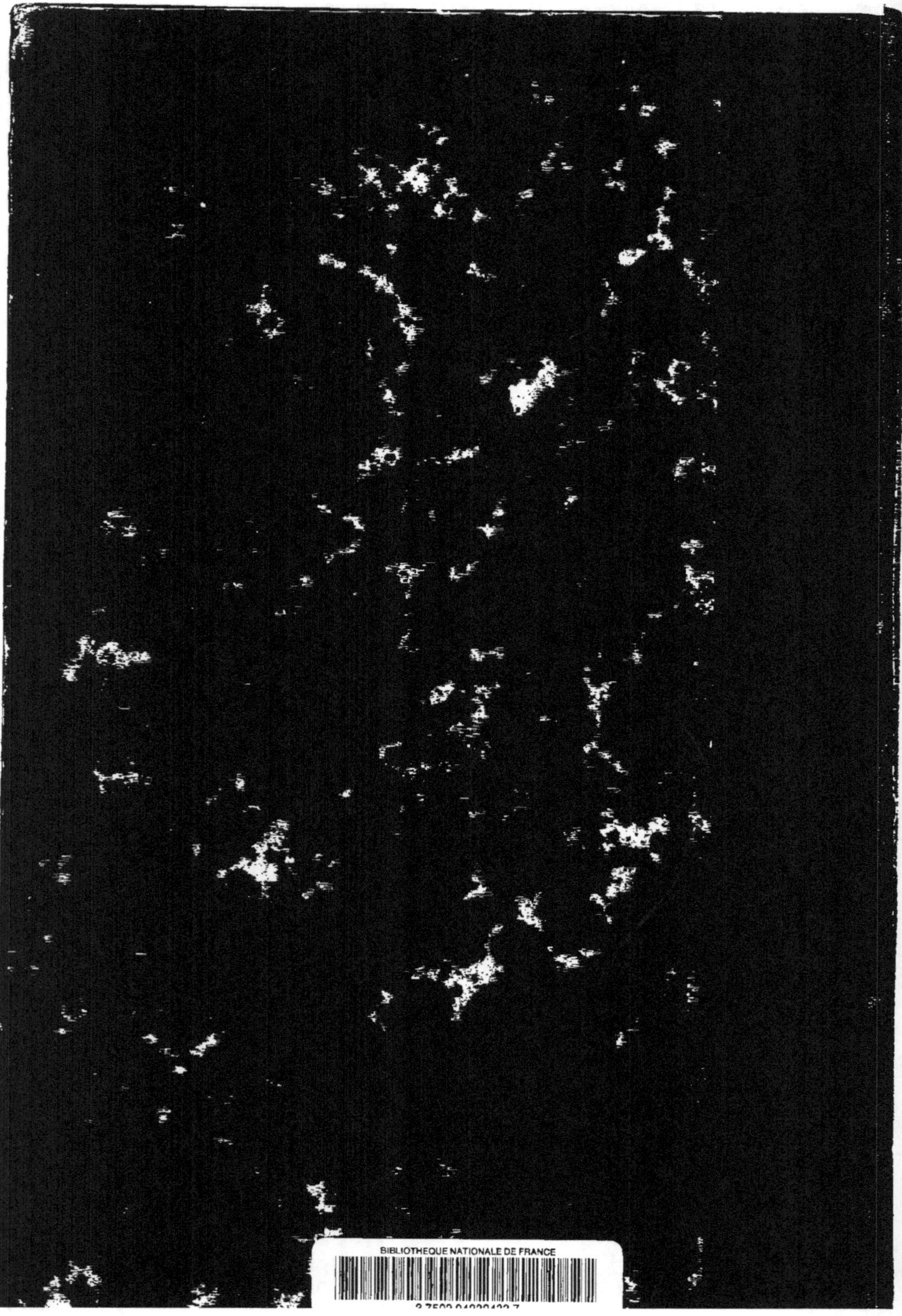

www.ingramcontent.com/pod-product-compliance
Lightning Source LLC
Chambersburg PA
CBHW061348050726
47595CB00005B/2130